# モクロク

# 一　ガッカウ

センセイ

オトモダチ

ケイレイ

二　シセイ

## 三　オジギ

オジギ　ハ、
タダシク、
テイネイ　ニ
イタシマセウ。

ハナコサン　ハ、ヲバサン　ノ　ウチ　ヘ　イキマシタ。ソシテ、「コンニチ　ハ。」ト、テイネイニ　オジギ　ヲ　シマシタ。

四　サイケイレイ

キュウジャウ　ニ
ムカッテ
サイケイレイ　ヲ
シテ　ヰマス。

# 五　アサバン

アサ　オキタラ、ハ　ヲ　ミガキ、カホ　ヤ　テ　ヲ　アラヒ、カミサマ　ト　ゴセンゾサマ　ヲ　ヲガンデ　カラ、「オハヤウ　ゴザイマス。」ト、ゴアイサツ　シマ

セウ。
ヨル ハ、
「オトウサン、オサ゛
キ ニ ゴメン
ナサイ」。
「オカアサン、オヤ゛
スミ ナサイ」。
ト ゴアイサツ シテ、
ハヤク ネマセウ。

## 六　ヘンジ

二郎《ジラウ》サン　ハ、ゴヨウ
ヲ　イヒツケラレル
ト、イツ　モ、
「ハイ。」
ト、ゲンキ　ヨク
イタシマス。

七　コトバヅカヒ

コトバ　ハ、
イツ　モ　テイネイ　ニ、
ヘンジ　ハ、
イツ　モ
ハッキリ　ト。

八 ミナリ

ヨイ ミナリ
ノ コ ハ、
オビ ヲ キチ
ン ト ムスビ、
ハオリ ノ ヒ
モ モ、タダシ
ク ムスビマ

ス。
ヤウフクノ
ボタンハ、
キチント
カケ、
バウシハ、
タダシク
カブリマス。

九　ウンドウクヮイ

ジブンカッテ　ハ
ヤメマセウ。
センセイ　ノ　オサシヅ
マモリマセウ。
ワルグチ　ナド　モ
ヤメ　ニ　シテ、

タベガラ
カミクヅ
チラサズ　ニ。
ゲンキ　ニ
タダシク
キマリ　ヨク、
ヤリトゲマセウ
ヲハリ　マデ。

# 十　ゴハン ヲ イタダク トキ

ゴハン ノ トキ ハ、キッ
ト テ ヲ アラヒマス。
ソシテ、オハシ ヲ ト
ルマヘ ニ、
「イタダキマス。」
ト、ゴアイサツ ヲ イタ
シマス。

ゴハン ガ スム
ト、シヅカ ニ
オハシ ヲ オイテ、
「ゴチソウサマ。」
ト イッテ、オジギ ヲ シマス。
ゴハン ハ、ヨク カン
デ、コボサヌ ヤウ ニ
タベ、オカズ ノ スキ
キラヒ ハ イハヌ ヤウ ニ シマセウ。

## 十一 ミチ ヲ アルク トキ

一、ヒダリガハ ヲ トホルヤウ。

二、モノ ヲ タベナガラ アルカヌ ヤウ。

三、人ノ ジャマ ヲ シナイ ヤウ。

十二　ウチ　ノ　ナカ

一、ウチ　ノ　ナカ　ハ、シヅカ
ニ　アルク　ヤウ。
二、ラウカ　ハ、
ハシラヌ　ヤウ。
三、カイダン　ハ、
オト　ヲ　タテ
ヌ　ヤウ。

## 十三　一郎サン

一郎サン　ハ、アソビ
ニ　イク　トキ　ハ、
キット　イク　サキ
ヲ　ツゲテ、オユルシ
ヲ　ウケテ　イキマス。
ヨソ　ヘ　イク　トキハ、
「イッテ　マヰリマス」。
ト、ゴアイサツ　シマス。

一郎サン　ハ、オウチ　ヘ　カ
ヘル　ト、ハキモノ　ヲ　ソロ
ヘテ　アガリマス。
ソシテ、
「オトウサマ　タダ
イマ」。
「オカアサマ　タダ
イマ」。
ト、ゴアイサツ　ヲ
イタシマス。

# 十四　イッテ　イラッシャイ

マツ子《コ》サン　ハ、イマ、オトウサン
ヲ、ゲンクヮン
デ、オミオクリ
シテ　ヰマス。

サウシテ、センセイ カラ ヲシヘ
ラレタ トホリ、
「イッテ イラッシャ
イ。」
ト、ゴアイサツ ヲ
イタシマシタ。
マツ子《コ》サン ハ、オ
カアサン ノ オデ

カケ　ニモ、　オバアサン　ノ　オデカケ　ニモ、
オミオクリ　イタシマス。

## 十五　オカヘリ　ナサイ

センセイ　ガ、
「ミナサン、　オトウサン　ヤ、　オカアサン　ノ　オ゛
ムカヘ　ニハ、　ドウ　イタシマス　カ。」
「オキャクサマ　ノ　オムカヘ　ニハ　ドウ　イタ゛
シマスカ。」
ト、　オタヅネ　ニ　ナリマシタ。

ハル子サン ハ「ゲンクヮン ニ デテ、『オカヘリ ナサイ。』『イラッシャイマセ。』ト、ゴアイサツ ヲ イタシマス。」ト コタヘマシタ。

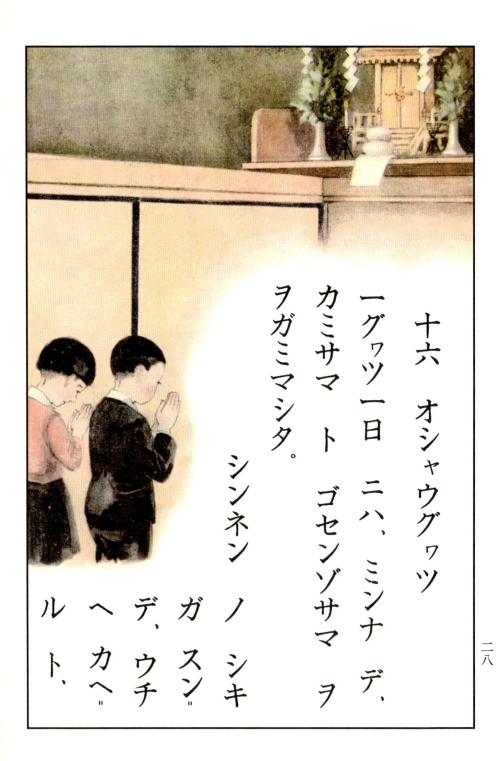

十六　オシャウグヮツ

一グヮツ一日　ニハ、ミンナ　デ、カミサマ　ト　ゴセンゾサマ　ヲ　ヲガミマシタ。

シンネン　ノ　シキ　ガ　スンデ、ウチ　ヘ　カヘルト、

ヲヂサンガ、
ゴネンシ ニ
イラッシャイ″
マシタ ノデ、
「シンネン
オメデタウ
ゴザイマス。」
トゴアイサツ″
ヲ シマシタ。

十七　オシャウ月

アソビ

タコ　ハネ　ハゴイタ

タイセツ　ニ、

ミンナ　ナカ　ヨク

ヨイ　コドモ。

トホリ ノ
ジャマ ニ
ナル ヤウナ
ミチバタ アソビ
モ イタシマセン。

十八　キマリヨク

一郎サン　ハ、アサ　オキル
ト、フトン　ヲ　タタンデ、
オシイレ　ニ　イレマス。
ゴハン　ヲ　イタダク　マヘ
ニハ、カバン　ノ　中　ヲ
シラベテ、ワスレモノ　ノ
ナイヤウ　ニ　シマス。
一郎サン　ハ、ジブン　デ　デ〃

キル コト ハ、イツ モ ジブン デ イタシマス。

## 十九 ソツゲフシキ

コノ ヱ ハ、イマ、カウチャウセンセイ カラ、ショウショ ヲ イタダイテ ヰル トコロ デ アリマス。

ショウショ ヲ イタダク

トキ ハ、カウチャウセンセイ ノ 三アシ マヘデ トマッテ、ケイレイ シマス。

ソレカラ、三アシ アルイテ、シヅカ ニ リャウテ デ、ショウショ ヲ イタダキマス。

ソレカラ、ソノ ママ 三アシ サガッテ、ケイレイ シマス。

ソシテ、シヅカ ニ、モト ノ セキ ニ カヘリマス。

ヲハリ

コドモノシツケ
國民禮法
初等一年・初等二年
初等三年・初等四年
初等五年・初等六年
(停) 定價各册 十二錢

昭和十六年四月一日印刷
昭和十六年四月五日發行

教育會
撰定書

著作者 禮法教育研究會

發行者 東京市神田區一ツ橋二丁目九番地
大橋貞雄

印刷所
印刷者 東京市小石川區久堅町百八番地
共同印刷株式會社

發行所 東京市神田區一ツ橋二丁目九番地
帝國教育會出版部
電話九段(33) 自四一五一番 至四一五五番
振替口座東京六八二八六番

# こどものしつけ

二ねん

モクロク

一　キモノ　ノ　キカタ

私タチ　ノ　學校　デハ、コノゴロ　ハ、キモノ　デ　テ　ヲ　フイテ、ヨゴス　ヤウナ　人　モ　ナクナリマシタ。

又、ヤウフク　ノ　ボタン　ヲ　ハヅシテ、ヘイキ　デ　ヰタリ、ハオリ　ノ　ヒモ　ガ　トケテ　ヰタリ、テフキ　ヤ　ハナガミ　ヲ　ワスレル　人　モ　ナクナリマシタ　ノデ、ケサ　ハ、先生　カラ、

「ミンナ　大ソウ　ヨク　ナリマシタ」。

ト　ホメラレマシタ。

ソシテ、先生 ハ、「リッパナ キモノ ヲ キテ 井テ モ、ジマン ニ ナリマセン。ツギ ガ アタッテ 井テ モ、ヨゴサズ、キレイ ニ シテ 井ル ノ ガ ヨイ。」ト オッシャイマシタ。

ニ　サイケイレイ
テンノウヘイカ
ノ　オシャシン　ニ、
サイケイレイ　ヲ
シテヰマス。
チョクゴ　ヲ　オヨ
ミ　ニ　ナル　トキ　ハ、
ジャウタイ　ヲ　スコシ
前　ニ　カタムケテ　キキ、
ヲハリ　ニ　ケイレイ　シマス。

# 三　リッパナ　シセイ

マサヲサン　ノ　シセイ　ヲ　ゴラン　ナサイ。
アシ　ハ、ソロヘテ　マッスグ　ニ、
コシ　ハ、フカク　カケテ、ノバ゛
シテ　井マス。　サウシテ、カラダ
ハ　右　ニモ　左
ニモ　マゲマセン。
目ハ　前　ヲ　見゛
テ、ロ　ハ　トヂ、

ご愛読ありがとうございます（アンケートにご協力お願い致します）

●ご購入いただいた書籍名は？

●本書を何で知りましたか？

① 書店で見て　② 新聞広告（紙名　　　）

③ SNS等　④ その他（　　　）

●購入された理由は？

①著者　②タイトルや装幀　③興味あるジャンル・内容　④人から薦められて

⑤ネットでの紹介・評価　⑥その他（　　　）

●購入された書店名は？

区

市

町

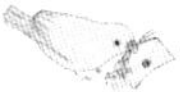

ご意見・著者へのメッセージなどございましたらお願い致します

ありがとうございました

※お客様の個人情報は、個人情報に関する法令を遵守し、適正にお取り扱い致します。
ご注文いただいた商品の発送、その他お客様へ弊社及び発送代行からの商品・サービスのご案内をお送りすることのみに使用させていただきます。第三者に開示・提供することはありません。

郵便はがき

料金受取人払郵便

豊島局承認

3147

差出有効期間
2025年2月28日
まで

1708780

143

東京都豊島区池袋3-9-23

ハート出版

① 書籍注文 係
② ご意見・メッセージ 係（裏面お使い下さい）

| 〒 | | |
|---|---|---|
| ご住所 | | |
| お名前 | | 女・男　　歳 |
| 電　話 | –　　– | |
| **注文書** | ご注文には電話番号が**必須**となりますので、ご記入願います。<br>お届けは**佐川急便**の「**代金引換**」となります。**代引送料￥600円＋税（代引手数料込）。**<br>**離島**は日本郵便で、別途**追加料金**がかかる場合がございます。 | |
| | | 冊 |
| | | 冊 |
| | | 冊 |

手ハ　モモノ上ニ、ハノ字ガタニ　シテ　ヰマス。ホントニ　リッパナ　シセイ　デス。

シセイノ　ヨイ人ハ、見テ　キモチノ　ヨイ　バカリデナク、カラダ　モ　ツヨク　ナリマス。

# 四　オキャクアソビ

ハル子サン　ト　アキ子サンガ、オキャクアソビ　ヲ　シテ　ヰマス。ハル子サン　ガ　オキャクサマデ、アキ子サン　ノ　オウチノ　オザシキ　ニ　トホサレ、イマ、二人　ハ　アイサツ　ヲシテ　ヰマス。ソレカラ、アキ子サン　ハオチャ　ト　オクヮシ　ヲダシマシタ。ハル子サン　ハ、シヅカ　ニ　オチャ　ヲ　イタダイテ　カラ、イロイロ　ノ　オハナシ　ヲ　イタシマシタ。カヘル　トキ　ニ、「ドウモ、ゴチソウサマ　デ　ゴザイマシタ」。ト、ゴアイサツ　ヲ　イタシマシタ。

五　オツカヒ

ケン一サン　ガ、石ケリ　ヲ　シテ　井ルト、オカアサン　カラ、オツカヒ　ヲ　タノマレマシタ。

ケン一サン　ハ、

「ハイ。」

ト、ゲンキ　ヨク　ヘンジ　ヲ　シテ、スグ　オツカヒ　ニ

イキマシタ。

トチュウ デ、オトモダチ ガ 大ゼイ アツマッテ、イクサゴッコ ヲ シテ ヰマシタ。ケン一サン ヲ ミツケテ、

「ハイラナイ カ。」

ト ススメマシタ ガ、ケン一サン ハ、

「オツカヒ ノ トチュウ ダ カラ。」

ト コトワリ、イソイデ イッテ キマシタ。

ケン一サン ノ オツカヒ ガ ハヤカッタ ノデ、オカアサン ハ、大ソウ オヨロコビ ニ ナリマシタ。

六　オミマヒ

コノアヒダ カラ、マツ子サン ガ ゴビャウキ デ、學校 ヲ オヤスミ ナノデ、チヨ子サン ハ、オカアサン ニ オネガヒ シテ、オミマヒ ニ イキマシタ。

ソノ　トキ、オカアサン　ハ、「ゴビャウニン　ノ　オミマヒ　ハ、アマリ　ナガヰ　ヲ　シテ　ハ　イケマセン」。ト　オッシャイマシタ。

マツ子サン　ノ　ゴビャウキ　ハ、コノゴロ　ハ、タイソウ　ヨク　ナリマシタ　ノデ、二三日　タツ　ト、學校　ニ　イラッシャル　ト　ノ　コト　デ　アリマシタ。チヨ子サン　ハ　アンシン　シテ、「ドウゾ　オダイジ　ニ」。ト、ゴアイサツ　シテ、カヘリマシタ。

# 七　オヂイサン　ノ　メイ日

オヂイサン　ハ、　去年《キヨネン》　ノ
今日《ケフ》　ナクナラレマシタ。
ソレ　デ、　オカアサン
ハ、　ブツダン　ヲ　キレ゠
イ　ニ　カザラレ、　オハ゠
ナ　ヤ、　オモリモノ
モ　アゲラレマシタ。
私　モ、　オセンカウ

ヲ　アゲテ　ヲガミマシタ。
オヂイサン　ハ、私　ノ　チヒサイ　トキ、桃太郎《モモタラウ》ヤ、サルカニ　ヤ、イロイロナ　オモシロイ　オハナシ　ヲ、キカセテ　下《クダ》サイマシタ。
學校　ニ　上《アガ》ッテ　カラ　ハ、ヨミカタ　ヤ、サンジュツ　ヲ　ヲシヘテ　下《クダ》サッタリ、ヱンソク　ニ　ツイテ　イッテ　下《クダ》サイマシタ。
今日《ケフ》　ハ、ミンナ　デ　ソロッテ、オハカマヰリ　ヲ　イタシマス。

# 八　物《モノ》ノ　ススメ方《カタ》

コノ　ヱ　ハ、人　ニ　モノ　ヲ　アゲル　トコロ　デ　アリマス。

人　ニ　物《モノ》　ヲ　アゲル　トキ　ハ、テイネイ　ニ、アヒテ　ノ　人　ノ　ウケヤスイ　ヤウ　ニ　シマス。

九　物《モノ》ノ　ウケ方《カタ》

人　カラ　モノ　ヲ　イ゛
タダク　トキ　ニハ、カ゛
ルク　オジギ　ヲ　シテ、
シヅカ　ニ　ウケトリマス。
目上　ノ　人　ニ　モノ
ヲ　ススメル　トキ、又
ハ、目上　ノ　人　カラ
モノ　ヲ　ウケトル　ト゛
キ　モ、カルク　オジギ
ヲ　シマス。

# 十　戸《ト》・障子《シヤウジ》　ノ　アケタテ

戸《ト》ヤ　障子《シヤウジ》　ヲ、アケタリ、シメタリ　スル　トキ、大キナ　オトヲ　タテル　人　ガ　アリマスガ、シヅカ　ニ、オト　ヲ　タテナイ　ヤウ　ニ、アケタテ　シナケレバ　ナリマセン。

アツイ　トキ　ヤ、ワ

ザト 戸《ト》・障子《シヤウジ》ガ アケハナシテ アル ト
キ ニハ、ソノ ママ、シヅカ ニ デハイリ シ
テ モ ヨイ ガ、シメテ アル トキ ハ、デ
ハイリ シタ アト デ、キット シメナケレバ
ナリマセン。
コト ニ、ゴモン ヤ、ゲンクヮン ノ 戸《ト》 ヤ、
ハバカリ ノ 戸《ト》 ハ、デハイリ シタ アト デ、
イツ モ、シヅカ ニ キチント シメテ オク
コト ガ タイセツ デ アリマス。

## 十一　マサヲサン

マサヲサン　ハ、マイ日　ジカン　ヲ　キメテ　ベンキャウ　シマス。オトモダチ　サソハレテモ、カナ
ベンキャウ　ヲ　スマセテ　カラ、

アソブコト ニ キメテ ヰマス。
マタ トキドキ ベンキャウ
ガ ハヤク スムト、
ヘイタイサン ニ、
ココロ ヲ コメタ
オテガミ ヲ
カキマス。

十二　ウヂガミサマ

私タチノ　學校　デハ、コウア
ホウコウ日　ニハ　ミンナ　ソ〃
ロッテ　チカクノ　ウヂガミサ〃
マヘ　オマヰリ　シマス。
オマヰリ　ガ　スム　ト、先生
ニ　キメラレタ　トコロ
ヲ　ナカヨク　オサウ〃
ジシテ　カラ、學校
ニ　カヘリマス。

十三　ミチ　ヲ　アルク　トキ

一、シセイ　ニ　キ　ヲ　ツケテ、ロ　ヲ　トヂ、前　ヲ　見テ、ゲンキ　ヨク　アルク　ヤウ。

二、アルキナガラ　モノ　ヲ　タベタリ、ウタ　ヲ　ウタッタリ、ロブエ　ヲ　フカヌ　ヤウ。

三、ミチ　ニ、タンツバ　ヲ　ハカヌ　ヤウ。

四、カミクヅ　ナド　ヲ　ステヌ　ヤウ。

五、オホゼイ　デ　ヨコ　ニ　ナランデ、トホル　人　ニ、メイワク　ヲ　カケヌ　ヤウ。

六、デンシャ、ジドウシャ ナド ノ 前ハ、ヨコギラヌ ヤウ。

七、ミチ ヲ ヨコギル トキ ハ、右 ト 左 ニ、キ ヲ ツケテ トホル ヤウ。

八、ミチ ハ、左ガハ ヲ アルク ヤウ。

十四　正男サン

正男サン　ハ、オギャウギ　ガ　ヨク、ガクモン　モ　デキ、コトバ　モ　大ソウ　テイネイ　デ、オトモダチ　ヲ　ヨビステ　ニ　シタ　コト　ハ　アリマセン。正男サン　ハ、人　ノ　カゲロ　ヤ、ワルロ　ヲ　イフ　モノ　ガ　アル　ト、

「ソレ　ハ　イケマセン。オヨシナサイ。」

ト　イッテ、ヤメサセマス。

正男サン　ハ、ミンナ　ニ　ウヤマハレテ、先生　カラ　モ　ホメラレテ、クミ中《ヂユウ》　ノ　オ手本　ニ　ナッテ　ヰマス。

## 十五　コウヱン

私ハ、オトモダチト、コウヱン　ニアソビ　ニ　イキマシタ。

クヮダン　ニハ、キレイナ　花　ガ、一パイサイテ　ヰマス。イケニハ、コヒ　ガ　オヨイデ　ヰマス。

ブランコ ヤ、スベリダイ デ、オモシロサウ
ニ アソンデ ヰマス。
私タチ モ、ジュンバン ニ ノセテ イタダキ
マシタ ガ、ツカレタ ノデ、ヤスミナガラ オ
クヮシ ヲ タベマシタ。
ソレカラ ドウブツヱン ノ 方《ハウ》 ヘ イカウ
ト シテ、オクヮシ ノ フクロ ヤ、カミクヅ
ヲ マトメテ、クヅカゴ ニ 入レマシタ。
コウヱン ハ、ミンナ ノ タノシム トコロ デ
ス カラ、キレイ ニ イタシマセウ。

# 十六　ガクゲイクヮイ

私ドモ　ノ　ガクゲイクヮイ　ハ、明日《アス》　ノ　午前《ゴゼン》十時《ジ》　カラ、カウダウ　デ　ヒラカレマス。

ソレ　デ、山田先生　カラ　ツギ　ノ　ヤウナ　ゴチュウイ　ガ　アリマシタ。

一、セキ　ニ　ツイタラ、ロ　ヲ　ムスンデ、話《ハナシ》ヲ　シナイ　コト。

二、トナリ　ノ　人　ヲ　ツツイタリ、フザケタリ

シナイ　コト。

三、オ話《ハナシ》　ガ　スンデモ、オ
客《キャク》サマ　ノ　オカヘリ　マデ
シヅカ　ニ　マッテ　ヰル
コト。
サウシテ、
「オウチ　カラ、ミナサン
大ゼイ　見　ニ　キテ
下サル　ヤウ　ニ。」
ト　オッシャイマシタ。

## 十七　コトバヅカヒ

皇室《クワウシツ》　ノ　オ話《ハナシ》　ヲ　申シアゲル　時　ニハ、「皇太子サマ　ハ　オゲンキデ　イラセラレ　マス。」「テンランクヮイ　ニ　オナリニ　ナリマシタ。」　ナド、　ウヤマヒコトバ　デ　申シアゲ、　タイドニモ　氣　ヲ　ツケテ　申シアゲマセウ。

# 十八　證書《シヨウシヨ》ノ　ウケ方

ツギノ　ヱ　ハ、校長《カウチヤウ》先生　カラ、證書《シヨウシヨ》ヲ　イ
タダイテ　ヰル　トコロ　デ　アリマス。
證書《シヨウシヨ》ヲ　イタダク　時　ニハ、校長《カウチヤウ》先生　ノ　前
三歩《ポ》ノ　トコロ　デ、タダシク　トマリ、ケイ
レイ　ヲ　イタシマス。ソシテ、マタ　ススンデ、
リャウ手　デ　證書《シヨウシヨ》　ヲ　イタダキマス。ソレカ
ラ、ソノ　ママ、三歩《ポ》　サガッテ　ケイレイ　シテ、

シヅカ ニ カヘリマス。

カヘル 時《トキ》ニ ハ、オ客《キヤク》サマ ノ 方《ハウ》ニ ウシロ ヲ 向《ム》ケナイ ヤウ ニ シテ、向《ム》キ ヲ カヘル コト ガ 大《タイ》切《セツ》デ アリマス。

ヲ ハ リ

コドモノシツケ

# 國民禮法

初等一年・初等二年
初等三年・初等四年
初等五年・初等六年

(停) 定價各册 十二錢


昭和十六年四月一日印刷
昭和十六年四月五日發行

教育會
撰定書

著作者 禮法教育研究會

發行者 東京市神田區一ツ橋二丁目九番地 大橋貞雄

印刷者 印刷所 東京市小石川區久堅町百八番地 共同印刷株式會社

發行所 東京市神田區一ツ橋二丁目九番地
帝國教育會出版部
電話九段(33) 自四五一五番 至四五五一番
振替口座東京六八二八六番

「復刻版　こどものしつけ」解説

# 「子供用だが、現代の大人たちにとっても大切な教科書」

近藤　倫子《りんこ》（著述家・元児童家庭支援士）

## 子供の躾とは

『こどものしつけ』の初版は昭和十六年に刊行されました。この年は大東亜戦争の開戦の年、戦後の私たちが受けてきた教育の中では「暗い雰囲気に包まれた年」といった認識がありますが、実はそうではありませんでした。同年には山口梧郎著『女性二千六百年史』（天泉社）注1等の『二千六百年史』シリーズが刊行されており、昭和十五年の紀元二六〇〇年祭を祝う国民と国家の祝賀モードが残っている年でした。これらの書物を読んでみますと、当時の日本人の暮らしはとても明るく快活であり、現代を生きる私たちからすると信じられないほどに楽しく前向きな年であったことが分かります。

このような雰囲気の中で刊行された本書『こどものしつけ』は、小学校一・二年生向けの修身の教科書です。日常生活における礼儀や言葉遣い、両親や親戚に対する際の態度や友達との付き合い方、生活の中に溶け込んでいる行事、祝祭日の過ごし方等が、美しい挿絵と共に目に飛び込んできます。

小学校一・二年生が理解できる短い文章からは、先人たちが培《つちか》ってきた日本人としての価値観、行動様式の美しさが伝わってきます。特に一年生の教科書では、子供たちに伝わるように挿絵の工夫がされていて、優しいタッチの絵や語りかけるような文章は、一年生の子供たちに心理的な負担が掛からない配慮がなされていると筆者は感じます。二年生になると文章が少し長くなり、教育的な方向性が感じられます。開戦の年の刊行ですので、日本軍に関する記述も登場しますが、それは否定的な内容ではなく、勇ましくて頼もしい姿を子供たちに示しています。

年上の友人や大人、目上の方に対する言葉遣い、礼儀や態度、家庭の中での過ごし方、両親・祖父母・兄弟姉妹、ご近所の方との付き合い方やきめ細かい所作が、挿絵を通して子供たちの心にすんなりと浸透していくように筆者は感じます。日本の幼児教育の父と言われている倉橋惣三（一八八二―一九五五）は「生活を、生活で、生活へ」との言葉を残しています。これは、「子供は生活する中で自ら学び生活を作る」との意味です。また倉橋は『育ての心』（清水書房、一九四六）の中で子供を「自ら育つもの」と表現して、「その自ら育つ子供に信頼を寄せて、自発性を信じて、保育をしていこう」との思想を記しています。この『こどものしつけ』は、優しい文章や挿絵を通して子供たちが感じ取る感性を信頼し、自ら育つ子供たちの自発性に任せる教科書であり、倉橋の考えが小学校教育においても活かされていると感じます。

## 型にはまる

日本の文化は、武道や茶道、花道、書道のように「型から入る」ものを「道」と名付けています。型から入ると、まずはしっかりと決められた枠の中で動くことを覚えます。枠とはルールや規則のことです。この枠の中でなら自由に自分を表現することが許され、心理的な安心感を得ることができます。例えば芸術を使った心理療法がそれです。絵画、箱庭、ダンス、歌…、芸術の中にも型や動きの規則性があり、その枠の中での安心感を土台として自由な表現を何度も繰り返し行うことで、自分らしさに気付いていきます。そうしますと、徐々に心の整理整頓がなされてゆき、溜まっていた心の疲れや拘《こだわ》りが春を迎えた雪山のように少しずつ溶け出し流され、自然な本来の自分を思い出し、心が落ち着きます。そのような視点で改めて『こどものしつけ』を読みますと、戦前の子供たちの落ち着いた姿や礼儀正しい姿は、規則の中での子供らしい感性を表現し、日本人としての美しい行動様式を育む修身教育の賜物だと言えます。

## 日本人の美しさ

筆者は以前より「日本人の行動様式は美しい」と感じており、その理由はなんだろうかと考えていた時期がありました。二〇一一（平成二十三）年の東日本大震災の被災者の姿を見て気付きました。

大変な状況であるにも関わらず自分の事よりも他者を思いやる姿、静かに列に並んで支援物資を受け取る姿、避難所の中においても秩序が保たれている様子。この姿は日本人らしい行儀や礼節が発露されたものであると感じました。世界中から称賛された日本人としての型（行儀）、美しい行動様式であると言えます。

戦後の私たちは修身教育が消された義務教育の中で育ちましたが、日本人としての型（行儀）は受け継がれていたのです。修身教育は消えてもその輝きは、学校教育や家庭の中で生き続けていたのです、感動を覚えました。この美しさを次世代へ繋げていかなければならないと強く感じました。家庭の中で、子育てを通して、子供たちへ、次世代へと継承していかなければなりません。

しかし、本書『こどものしつけ』の原書は、現在では一年生用と二年生用の両方を所蔵している図書館はありません。それぞれ一年生用は山形県立博物館、二年生用は奈良県立図書情報館にあるのみとなっております。ですので、今回の本書の刊行は、美しい日本人の行動様式を復活させる、とても意義のあるものだと筆者は考えます。

現代の子供たちや青年たちの姿を観察しますと、残念ながらとてもお行儀が良いとは言えません。かつては服装の乱れは心の乱れと言われていましたが、その言葉の意味は失われつつあります。乱れた服装が「ファッション」であるとの感覚が蔓延し、同じように正しい日本語は「ダサい」、だらしない態度が「かっこいい」となり、本来日本人が持っている美しさの基準がすっかり変容してしまいました。学生のうちはまだそれでも良いかもしれませんが、社会に出てから恥をかく青年たちが数多くいます。電話の受け答えができない、敬語を正しく使えない、来客に対するマナーや会食の際の行儀作法が分からない。これは家庭内での躾がされなかった結果であり、親の責任放棄であると言えます。学校教育の弊害であるとも言えますが、本来の学校の目的は躾をする場所ではありませんから、やはり家庭内教育の問題であると筆者は考えます。

躾の本来の意味について谷田貝[注2]は、

「しつけ」とは「仕付」であり、もともと稲を本田に「しつける」ことを言ったようです。それが、和服の縫い目を正しくするために、あら糸で縫い押さえておくことに転化し、さらに、子どもが社会の習慣や決まりに従って行動できるよう教育・訓練すること、あるいは、その方法を言うようになったようです。

と記しています。また、「簡単に言うならば、しつけとは一人前の社会人に育てるという意味」とも記しています。

筆者の手元に谷田貝公昭・村越晃監修の『しつけ事典』(一藝社)という本があります。全七百二ページと、かなりの分量です。詳細は割愛しますが、『こどものしつけ』が低学年向けの修身教科書であることに対して、この事典は「大人向け現代版しつけ指南書」と言えるものです。幼児期の躾から始まり青年期の躾まで、様々な生活の場面や社会生活における場面、被災した場合の行動等についてもきめ細かく記されています。大人向けですので内容は子供が読んで理解するのは難しいでしょう。

ですから、教育の現場で子供と関わる職業の方や両親に向けて書かれたものです。この中では躾の定義として次のようにしています。

しつけとは、大人が子どもに対して生き方、生活様式を教え込むことです。主として社会の成員が未来の社会の担い手に対して意図的に行う教育的働きかけを総称して、しつけと言います。広く捉えると、しつけは教育と同じ意味を持ちます。ただし教育は無意図的な影響、非計画的影響を含みますが、しつけは、無意図的・非計画的影響は含みません。しつけは、しつける者が内容を考えて、具体的・個別的に、順序だって指導するところに特徴があります。

この定義は本書『こどものしつけ』に通じるのではないでしょうか。

そして、躾は「身」と「美」が合わさった漢字ですから、身を美しくする行いが「躾」であるとも言えます[注3]。しかし、二〇〇〇（平成十二）年に児童虐待防止法が施行され、児童虐待の件数が右肩上がりとなり、児童虐待のニュースが頻繁に流れるようになりました。その中で、加害親（虐待をした親）の理由として「しつけのためだった」と報道されることが増えて、しつけイコール虐待との構図が出来上がり、「躾・しつけ」に対するイメージが悪くなりました。その結果、躾をしない子育てや叱らない子育てが流行し、子供を一人前の社会人として育てる子育てが風化され、躾のなっていない子供や青年が増えてしまったのではないかと筆者は分析しています。

## 躾をしない子育て

躾をしない子育ては親の責任放棄であると先述しました。これは広義での育児放棄（ネグレクト）と捉えることができます。児童虐待防止法では児童虐待を左記のように定義しています[注4]。

- **身体的虐待**＝殴る、蹴る、叩く、揺さぶる等の身体への虐待。
- **心理的虐待**＝言葉や態度で精神的な苦痛を与える行為。無視、拒絶、罵声を浴びせる、夫婦喧嘩を見せる行為も含まれる。
- **性的虐待**＝性的行為への同意がない状態で行われる性的意図を持った行為。
- **育児放棄・ネグレクト**＝食事を与えない、必要な医療を与えない、不潔な状態にさせておく等の親がしなければならない養育を放棄する行い。

躾をしない子育ては、児童虐待であると考えることは決して飛躍した考えではありません。子供が社会人となった時に恥をかくのは子供本人です。そんな思いを子供たちにさせないためにも、しっかりと子供に躾をしてあげることは、親と大人の責任であり、社会全体の責任です。躾とは、子供に幸せな人生をプレゼントする素敵な行いなのです。

子供に幸せな人生をプレゼントする、これは児童福祉の理念である「子供の最善の利益」とも言えます。子供の最善の利益とは、子供にとって最も良いことを考え実行しようとする考え方です。日本国内法である児童福祉法[注5]、こども基本法[注6]にもこの理念は明記されています。もちろん児童虐待防止法にも明記されており、子どもの権利条約[注7]では「子どもの人権」と定義されています。児童虐待は子供の人権侵害なのです。躾をしない子育てが広義での育児放棄（ネグレクト）と捉えると、これは児童虐待と言えます。現代の日本人は躾について本来の意味[注8]を考えなくてはなりませんし、日本人らしい価値観で、躾を取り戻さなくてはなりません。

## いわゆる選択的夫婦別姓制度

筆者は「強制的親子別姓・強制的家族別姓、いわゆる選択的夫婦別姓制度導入」に反対しており、各種メディアでも様々な発信をしています。保守言論人や専門家の先生たちが反対論者として様々な反対意見を述べていらっしゃいますが、子供の視点で反対している者は筆者が先駆けであったとの自負があります。なぜなら筆者の専門が、児童福祉と発達心理学[注9]であり、また三人の子供を持つ母親だからです。子供たちからしてみれば、選択できるのは両親のみで、自分たちにとっては強制的に片親とは違う姓を与えられてしまいます。兄弟姉妹がいる場合には、強制的に兄弟姉妹別姓となる状況も考えられます。親とも兄弟姉妹とも姓が違う家族は、強制的家族別姓と言える状況となります。

子供の心が健やかに発達するには、両親や家族との関係性が穏やかで、幸せを感じられる家庭環境が欠かせません。両親の仲が良く、兄弟姉妹が仲良しの家庭環境や家族の関係性は、教育勅語にもある日本人としての望ましい姿です。そして先述したように「子供の最善の利益」でもあるのです。親と子が別姓になってしまうことは「子供の最善の利益」に反します。児童福祉法・児童虐待防止法・こども基本法に抵触する可能性があります。筆者がこの制度導入に対して反対を主張するのはこうした理由からです。

また、子どもの権利条約[注10]、児童福祉法・児童虐待防止法・こども基本法では、「子供の意見の尊重」も子供の人権として定義しています。特に児童虐待防止法では「子供の人権侵害は児童虐待である」と明記しています（第一条）。令和六年に実施された「中高生意識調査アンケート[注11]」（夫婦別姓に反対九割）や令和七年元日に報道された「小中生への調査[注12]」（夫婦別姓に反対五割）は、子供の意見です。この意見を尊重することは大人の責任であり、子供の権利でもあるのです。「子供の最善の利益」と「子供の意見の尊重」は、国、地方自治体にその責務があり（こども基本法第四条・第五条）、事業主と国民には努力義務があるとしています（こども基本法第六条・第七条）。このように児童福祉の観点で考えても、「強制的親子別姓・強制的家族別姓、いわゆる選択的夫婦別姓」には反対することが正しい大人の姿であると言えます。

## マズローの欲求階層説

発達心理学と関連性のある人間性心理学[注13]の権威であるアブラハム・マズロー（一九〇八—一九七〇）が提唱した「マズローの欲求階層説」によると、人間には生まれながらにして本能的な四

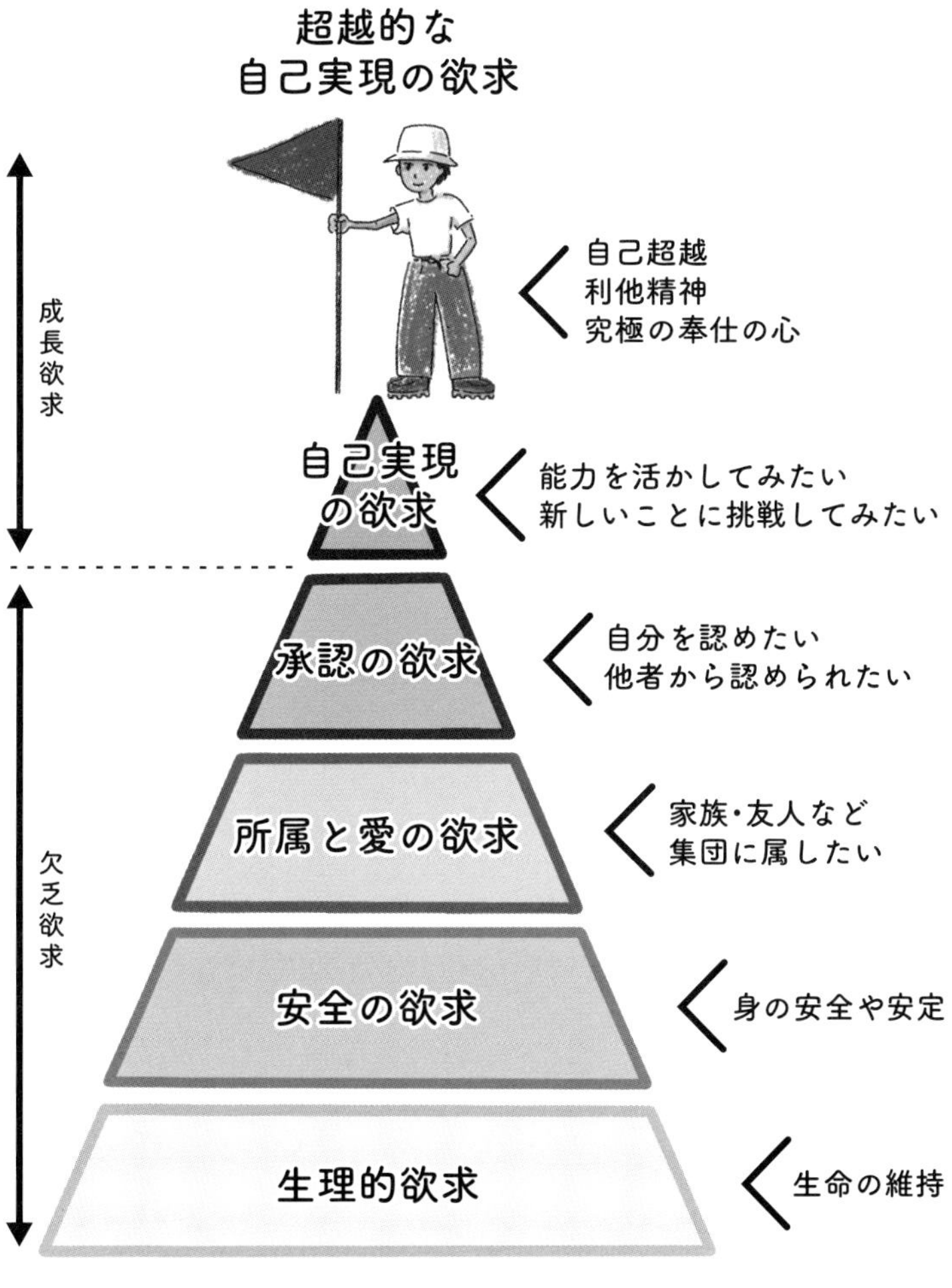
超越的な
自己実現の欲求
自己超越
利他精神
究極の奉仕の心
成長欲求
自己実現
の欲求
能力を活かしてみたい
新しいことに挑戦してみたい
承認の欲求
自分を認めたい
他者から認められたい
欠乏欲求
所属と愛の欲求
家族・友人など
集団に属したい
安全の欲求
身の安全や安定
生理的欲求
生命の維持

マズローの欲求階層説

つの欲求（これを欠乏欲求と言います）があり、これらを正しく満たしていくことで、成長欲求が生まれ、より良い自分になろうとする自己の実現、自分を超えて世の為人の為公の為に貢献できる自分になろうとする自己超越に至るとしています。この理論は子供だけを対象にしているものではなく、大人も対象にしています。

・**生理的欲求**＝一番下にある「生理的欲求」は生命の維持を求める人間の一番大きな欲求です。この生理的欲求が満たされると一つ上にある「安全の欲求（安定の欲求）」を求めます。
・**安全の欲求**＝大人であれば身の安全や安定を求め、経済的な安定や健康に対する安定、環境に対する安全の欲求となって表れます。子供の場合は家庭環境の安定や両親に対する心の安定を求めます。ここまでの二つが満たされると次は「所属と愛の欲求」が生まれます。
・**所属と愛の欲求**＝これは「社会的欲求」とも言われ、集団に所属したい、愛されたいと願う欲求です。家族と一緒にいたい、友人と一緒にいたい、何かの集団に所属したい欲求です。三つの欲求が満たされますと、「承認欲求」が生まれます。
・**承認の欲求**＝承認欲求とも言います。自分を認めたい、他者からも認められたいと思うようになり、自他から認められることによってこの欲求は満たされます。子供の場合は自分に対する自信や家族から認められることによる有能感、前向きな気持ちへと成長していきます。大人であってもそれは同じ心の状態です。ここまでの四つの欲求（欠乏欲求）をすべて正しく満たし充足感を得ますと、次は成長欲求が生まれます。

**・自己実現の欲求**＝自分の能力を活かしてみたい、潜在的な能力を十分に発揮してみたい、新しいことに挑戦してみたいといった心の状態です。欠乏欲求がすべて正しく満たされている子供の場合であれば、学校の勉強においても習い事に関してもより良い成績を取りたいであるとか、もっとうまくなりたいと思って努力を重ねるようになります。大人でも同じです、自分の能力やスキルをもっと伸ばしたい、会社にプラスになることを頑張ろうと努力します。または、良い親になろうとする気持ちも「自己実現の欲求」と言えます。

**・超越的な自己実現の欲求**＝「自己超越」とも言われています。これは「自分の心（私心）を超えて公の心を持ち世のため人のために貢献しよう」とする公共心の発露です。自分のためではなく他者の為に自分の能力を活かしたいとする欲求なので、究極の奉仕の心とも言えます。

「自己実現の欲求」と「超越的な自己実現の欲求」は成長欲求と言われ、この段階に到達するには欠乏欲求をすべて正しく満たす必要があります。満たされない場合は欲求不満という状態になりますから、それぞれの欠乏欲求を間違った形で満たそうとする心の働きが生まれます。分かりやすい例でいうと承認欲求モンスターというものがあります。過激な言動や行いをＳＮＳに投稿して注目を浴びる行いを承認欲求モンスターと呼びます。

## 「強制的親子別姓制度が子供に与える悪影響」

筆者が特に注目している部分は、「所属と愛の欲求（社会的欲求）」です。所属とは自分の身近にある集団に所属したいとする欲求で、大人にもある本能的な欲求です。「○○という会社に所属したい（就職したい、転職したい）」、「○○というスポーツクラブに所属したい」という欲求が大人の場合です。

子供、特に乳幼児にとっては「家族という集団に所属したい」が本能的な欲求といえます。そして家族から愛されたいという欲求があります。この愛の欲求は大人にもあります。配偶者や恋人から愛されたい、意中の人がいればその人から愛されたいと願いますね。これが「愛の欲求」です。

所属と愛の欲求が満たさない場合の例えとして筆者がメディアで視聴者の皆さんにお伝えするのは、歳の離れた弟や妹がいる場合の幼児の赤ちゃん返りです。両親や祖父母の関心が小さい弟や妹に注がれるため、お兄ちゃんお姉ちゃんである幼児は寂しさや不安を感じます。そこで「所属と愛の欲求」が強く生まれます。「自分も家族の一員だよ」「寂しいんだよ」と言った気持ちをうまく言語化することができませんから、赤ちゃん返りという行動によってその気持ちを表します。そして心の「安定の欲求」を求めます。

その時に両親や祖父母が幼児の気持ちを汲んで優しく抱き上げる、赤ちゃんと同じように接してあげることによって幼児は「所属と愛の欲求」が正しく満たされ、落ち着いていきます。そうしますと正しく承認欲求が現象化しますから「良いお兄ちゃん・良いお姉ちゃん」になろうとします。両親や祖父母から認められたいという欲求が湧くからです。

しかし両親や祖父母が赤ちゃん返りをした幼児に対して「もう大きいのだから赤ちゃんみたいな行動をしてはだめよ」と言って幼児の気持ちを汲まない場合は、「所属と愛の欲求」が正しく満たされませんので、心の「安定の欲求」を満たそうとしてさらに両親や祖父母の関心を惹こうとして赤ちゃん返りが治らない場合や困った行動が増えることがあります。ですから子育てにおいては、常に子供の心に寄り添い、子供の寂しさや不安を取り除いてあげること、可愛がって大切に丁寧に接することが求められるのです。

幼児が自分は家族の一員なのだと実感する行いは、家庭の中に限った事ではありません。幼児はやがて小学生になります。幼稚園や保育園では名前で呼ばれる機会（〇〇くん、〇〇ちゃん）が多かった環境から、小学校に入学しますと名字（この場合の名字とは、氏や姓と同じ意味を持つ言葉として扱います）で呼ばれる環境へと変化します。そこで子供たちは自分の名字を意識するようになります。「自分は〇〇という名字で、名前は〇〇なんだ」と理解をします。例えば筆者であるならば「私は近藤という名字で、名前は倫子なんだ」と理解をします。

そうしますと、この年頃の子供たちは自分の身の回りの環境に興味関心を持っていますから、自分のお父さんお母さんについても名字を知りたくなります。そこで同じ名字であることに安心感を抱きます。なぜならば再び「所属と愛の欲求」が満たされるからです。同じものを所有して一体感や連帯感を持つ行いは、大人もしています。会社であれば社章のピンバッヂ、スポーツチームであればユニフォーム、学生であれば校章や大学のロゴマークが入った物を持ち歩く等も同じです。恋人同士であればペアルックも同じ効果があります。名字（姓）も、子供たちからすると「同じ物を共有する」行いなのです。

しかしどちらかの親、父親か母親と違う名字であることを知った子供は不安に思うでしょう。そして「所属と愛の欲求」が揺らぎます。不安と寂しさを感じるのです。家族じゃないのかな、自分はお父さんお母さんと一緒じゃないのかな、と心の「安定の欲求」を求める気持ちが表面化し、しつこく両親に尋ねるでしょう。そこで別姓の親は子供に理解できる言葉と内容でしっかりと伝えることができるでしょうか。今はまだ理解できないだろうから適当に答えておこうだなんて思って、子供が理解できない内容で話してしまったら、子供が感じている不安や寂しさを解消してあげることはできません。するとやはり「所属と愛の欲求」が揺らぎ、「安定の欲求」を求めて子供たちは何度もしつこく尋ねるでしょう。別姓を選択した両親（夫婦）はどちらかが自分の名字に強い拘りを持っていることが想定されますから、しつこく聞いてくる子供に対して理由を話してしまうかもしれません。そこには子供の心に寄り添おうとする優しさや思いやりが欠けている場合があるでしょう。そのようにして考えますと、子供の心を傷つけるような話をしてしまう危険性は否定できないのです。

また、名字（姓）の件で喧嘩をしてしまう両親が現れる可能性も否定できません。夫婦喧嘩を見せることや聞かせることも心理的虐待の中に含まれていますから、これは児童虐待となります。もう一つ、懸念事項として考えられることがあります。それは夫婦が離婚する理由に「子供の名字（姓）に

## 離婚件数の年次推移　昭和25年〜令和2年

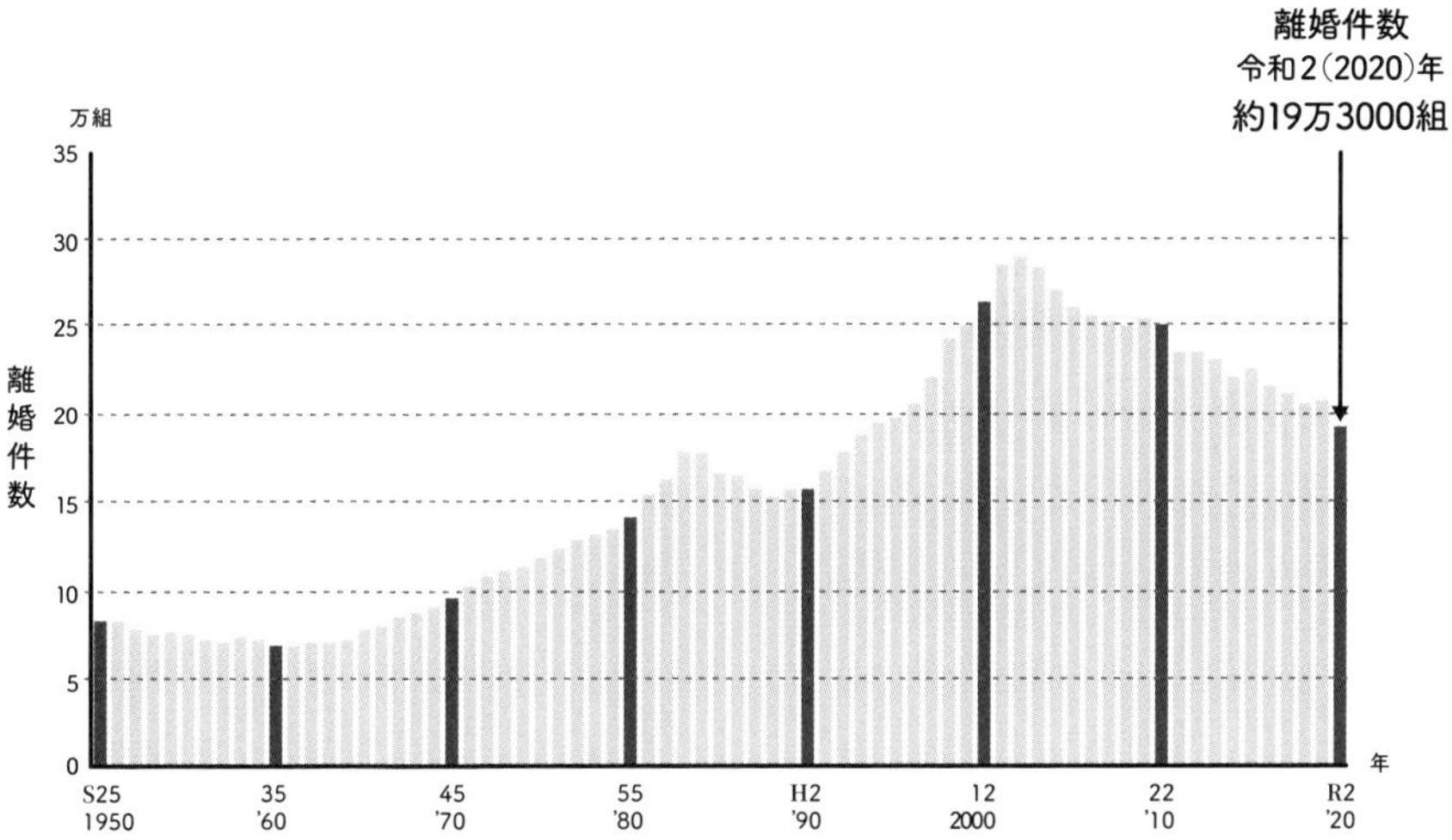


関する考え方の不一致」が加わることです[注14]。厚労省が公表している令和四年度の離婚に関する統計の概況[注15]を見ますと、二〇二〇（令和二）年の離婚件数は約十九万三千組となっています。最も件数が多かった二〇〇二（平成十四）年より減少はしていますが、一九九〇（平成二）年以降増減を繰り返しながらも離婚をする夫婦が増えていることが分かります。

今までの離婚の原因には存在しなかった「子供の名字（姓）をめぐる離婚」は、子供の幸せを叶える社会の実現とはなりません。「子供の最善の利益」に思いを馳せる大人は何処《どこ》にいるのでしょうか。

## 不安と寂しさを抱えた子供・青年たち

親との関わりの中で不安や寂しさを抱えた子供たちは、一体どのような青年になるでしょうか。昨今問題化しているオーバードーズ[注16]やトー横キッズ[注17]、この青年たちの心の中には解消されない不安と寂しさがあります。この気持ちを解消したい、いっときでいいから忘れたいその思いで市販薬を大量摂取する、同じ気持ちを共有できる相手を求めてトー横に集まる。本来ならばそういった気持ちを受け止め癒してあげるのは、両親の務めであると筆者は考えます。

先ほどのマズロー欲求階層説を引いて解説しますと、幼児期や学童期に「所属と愛の欲求」が正しく満たされないままに青年期を迎え、心の安定を求める「安全の欲求」が歪な形で気持ちの中に湧き上がっている状態です。

欲求は本能ですから、自分ではその気持ちを抑えることはできませんし、子供や青年たちはその術を知りません。市販薬によって頭がぼんやりとして不安や寂しさを紛らわして「安全（安定）の欲求」を満たそうとする。トー横周辺に集まる同じような青年たちと気持ちの共有をして「所属と愛の欲求」を満たそうとする。

しかしそれらは正しく欲求を満たす行いではないので、不安や寂しさは解消されません。さらには間違った形での「承認の欲求」が現れますので、悪意を持った大人から反社会的集団に誘われて、所属の欲求からその集団に所属をしてしまい、その中で承認欲求を満たそうとするでしょう。もしくは、

ＳＮＳ等で過激な内容や行動を投稿して注目を欲するようになるでしょう。

実際に迷惑行為をＳＮＳに投稿した青年たちがいましたね、皆さんも記憶に新しいと思います。このような青年たちの社会問題は、果たして「青年の問題」として切り離して捉えてよいのでしょうか。私たち大人には、しっかりと青年たちの問題に向き合う責任があると筆者は考えています。

## 本当の躾とは

それでは、日本人らしい躾とはどんなことなのか、本筋に戻りましょう。前述したように日本人には美しい行動様式が備わっており、それを子供たちに継承していくことが本来の躾であると筆者は考えます。美しい行動様式という型、枠、ルールと規則。その中で子供たちは子供らしい感性で自由な表現を具現化していきます。『こどものしつけ』の挿絵を見てみましょう。どの子も明るく聡明な笑顔を見せています。写真ではなく絵ですから挿絵を描いた方の主観であろうと考えることも可能ですが、教科書として子供たちに配布するのですから、当時の文科省が求める「子供の姿」であったことが推測できます。また、美しい挿絵には昭和十六年当時の日本の風景が描かれており、今を生きる私たちに内在化されている古き良き日本の姿がありありと浮かんできます。

内容を読んでみますと、リズミカルな美しい言葉が織りなすハーモニーを感じられます。ハーモニーとは調和ですから、日本人の調和の心が感じられる文章と言えます。子供のうちから真善美に触れることは情操教育に繋がります。現代の文科省の指針にも含まれていますが、音楽や美術等の科目に反映されています。『こどものしつけ』は修身科目ですから今でいうところの道徳科目に該当します。教科書から感じ取る真善美は、特別な場所に行ったり、その機会を得なくとも、教科書をひらけば出会える。なんとも贅沢なことです。日本人の情操教育は学校や家庭で過ごす生活の中で育まれてきたのです。繰り返しになりますが、日本の幼児教育の父である倉橋惣三の精神そのものであると筆者は感じます。

## これからの日本のために

次世代の日本を担う大人は、今の子供たちです。その子供たちを日本人としての在るべき姿に導いていくのは私たち大人です。その大人が日本人としての価値観・感性を取り戻すことが大切です。『こどものしつけ』は小学校一年生と二年生用の教科書ですが、今を生きる大人にとっても大切な教科書であると言えます。

できれば繰り返し何度も読んで頂きたいと思います。静かに黙読をするもよし、声に出して美しいリズムとハーモニーを感じるもよし、お子さんやお孫さんに読み聞かせるもよし。一冊で幾通りもの楽しみ方ができる良書であると言えます。

## 【注記】

1　戦後ＧＨＱにより焚書され、現在では国会図書館での閲覧のみ

2　『しつけ事典　乳幼児期から青年期まで』谷田貝公昭・村越晃監修（一藝社）二〇一三

3　柳田國男は「身を美しくする」しつけという漢字が使われるようになったのは室町以降で、武家社会から発生したものであろうと推測している

4　e-GOV 法令検索　https://laws.e-gov.go.jp/law/412AC1000000082

5　e-GOV 法令検索　https://laws.e-gov.go.jp/law/322AC0000000164

6　e-GOV 法令検索　https://laws.e-gov.go.jp/law/504AC1000000077

7　日本ユニセフ協会　https://www.unicef.or.jp/crc/

8　前掲『しつけ事典』より

9　人は一生をかけてどのように心が発達していくのか、その過程を心理学的視座で研究する学問のことで、発達障害とは密接な関係性はない

10　一九八九（平成元）年第四十四回国連で採択。日本は一九九四（平成六）年に批准

11　ＮＨＫ放送文化研究所実施「中学生・高校生の生活と意識調査」　https://www.nhk.or.jp/bunken/yoron-isiki/tyuko/

12　「産経新聞」二〇二五（令和七）年一月一日付配信記事より
https://www.sankei.com/article/20250101-QGCTY3PY4JEHLHHXAFDFEVX2LQ/

13　人間の成長や自己実現、自由意志などを重視し研究する学問のこと

14　月刊『ＷｉＬＬ』二〇二五（令和七）年四月号

15　厚生労働省　https://www.mhlw.go.jp/toukei/saikin/hw/jinkou/tokusyu/rikon22/index.html

16　頭がぼんやりとする、多幸感が味わえるとして市販薬を過剰に内服するという非社会的行動
17　行き場をなくして新宿歌舞伎町の東宝ビル周辺の路地裏に集まっている青少年たちのこと
18　文部科学省
https://www.mext.go.jp/b_menu/shingi/chukyo/chukyo3/069/siryo/__icsFiles/afieldfile/2016/02/16/1366931_2.pdf

## 【参考文献】


『女性二千六百年史』山口梧郎（天泉社）一九四一
『育ての心』倉橋惣三（清水書房）一九四六
『芸術療法1　理論編』徳田良仁監修（岩崎学術出版社）一九九八
『芸術療法2　実践編』徳田良仁監修（岩崎学術出版社）一九九八
『しつけ事典　乳幼児期から青年期まで』谷田貝公昭・村越晃監修（一藝社）二〇一三
『改訂新版　人間性の心理学』アブラハム・マズロー／小口忠彦訳（産業能率大学出版部）一九八七
月刊『ＷＩＬＬ』四月号「なんで家族を破壊するの!?」近藤倫子（ＷＡＣ）二〇二五

## 『こどものしつけ』について

本書は昭和16年に発行された、国民学校一年生、二年生（小学校低学年）を対象とした礼法教科書である。後続の三～六年生向け『国民礼法』（既刊）と連続しており、学年に応じて徐々に高度な内容に発展する構成だった。

本書で取り上げられている日常生活における礼法はどれも簡単なもので、決して堅苦しいものではない。それを挿絵を中心にしてわかりやすく説明している。その内容は、基本的な挨拶と言葉遣い、正しい姿勢と立ち居振る舞い、家庭生活、学校生活における礼儀、国家・皇室に対する敬意など、どれも今日の日本人にとって必要なものばかりである。

この礼法の教科書は敗戦とともに廃止されたが、その内容は今日においても通用するものであり、家庭における基本的な躾けに活かすことができる。礼法は知識ではなく、毎日の実行である。この基本的な礼法を、小さいうちに家庭において躾けられた子供は、自然体で礼法を実行できる、どこに出しても恥ずかしくない人間になれるだろう。

**編集協力：和中光次**

[復刻版] こどものしつけ [国民礼法　低学年版]

令和 7 年 5 月 5 日　　第 1 刷発行

著　者　　礼法教育研究会
発行者　　日髙 裕明
発　行　　株式会社ハート出版

〒171-0014 東京都豊島区池袋 3-9-23
TEL03-3590-6077　FAX03-3590-6078
ハート出版ホームページ　https://www.810.co.jp



Printed in Japan　ISBN978-4-8024-0237-8
印刷・製本／モリモト印刷

## ［復刻版］国民学校教科書シリーズ

### ［復刻版］国民礼法

「皇室、国家、神社の礼法、焼香と玉ぐしの礼法といった日本人としての常識や冠婚葬祭の礼法が伝授されることに驚かされた」解説：竹内久美子

これがＧＨＱが廃止した礼法の教科書だ！

戦後教育が忌避してきた「皇室・神社・国旗・国歌」に対する礼法を新鮮な感覚で学べる。令和の日本人にとっても有用な礼儀作法の参考書。

本体１４００円

---

### ［復刻版］女子礼法要項

「『国民礼法』や本書で礼法を学ぶことにより、日本人が日本国を精神的に守るために闘う未来が現実となる日はそう遠くはないだろう」解説：竹内久美子

現代の女性に欠かせない、真の礼法教育

日本の女子礼法教育の集大成

「家庭生活」「社会生活」上の礼法だけでなく、戦後の学校教育が忌避してきた「皇室・国家」に対する大切な礼法を学ぶことができる。

本体１４００円

## [復刻版] 高等科国史

未使用・未刊行　世に出ることのなかった“幻の教科書”

三浦小太郎 解説

ISBN978-4-8024-0111-1　本体 1800 円

## [復刻版] 初等科国史

ＧＨＱに廃止された「我が国最後の国史教科書」

三浦小太郎 解説　矢作直樹 推薦

ISBN978-4-8024-0084-8　本体 1800 円

## [復刻版] 初等科修身 [中・高学年版]

ＧＨＱが葬った《禁断》の教科書

矢作直樹 解説・推薦

ISBN978-4-8024-0094-7　本体 1800 円

## [復刻版] 初等科国語 [中学年版]

日本語の美しい響きと力強さだけでなく、大切な道徳心も学べる国語教科書

葛城奈海 解説　矢作直樹 推薦

ISBN978-4-8024-0103-6　本体 2000 円

## [復刻版] 初等科国語 [高学年版]

道徳的価値観に基づく愛の心に満ちた国語教科書

小名木善行 解説　矢作直樹 推薦

ISBN978-4-8024-0102-9　本体 2500 円

## [復刻版] 初等科地理

ご先祖が学んだ我が国と大東亜の“地政学”

宮崎正弘 解説　矢作直樹 推薦

ISBN978-4-8024-0123-4　本体 1700 円

## [復刻版] 中等歴史 [東亜及び世界篇〈東洋史・西洋史〉]

戦前戦中の日本から見た、目からウロコの「世界史」

三浦小太郎 解説

ISBN978-4-8024-0133-3　本体 1700 円

## [復刻版] 高等科修身　男子用

我が国最後の修身教科書「国家を守るために一番大事なのは心と教育である」

高須克弥 解説

ISBN978-4-8024-0152-4　本体 1500 円